원리를 아니까 재밌게 하니까

아하 한글 배우기

③

받침 글자를 배워요

창비

왜 『아하 한글 배우기』로 시작해야 할까요?

『아하 한글 배우기』는 쉬운 글자부터 어려운 글자까지, 한글을 조합하는 원리를 3단계로
배울 수 있도록 만들었어요. 주변 사물의 이름에서 필요한 글자를 찾으며 흥미를 높이고, 또
글자 모양을 몸이나 사물과 연결하며 한글의 원리를 익힐 수 있도록 했어요.
이 책은 한글을 처음 배우는 아이부터 한글 학습에 어려움을 겪는 아이 모두를 위한 기본
교재예요. 그러므로 누구나 이 책으로 한글을 배우면 모르는 글자도 읽고 쓸 수 있어요.

『아하 한글 배우기』 시리즈 구성

1단계 기본 글자를 읽어요

1권: 모음 글자를 배워요

1권에서는 먼저 모음 글자 10개(ㅏ, ㅑ, ㅓ, ㅕ, ㅗ, ㅛ, ㅜ, ㅠ, ㅡ, ㅣ)를 배워요.
이 글자들이 전체 모음 글자의 84%를 차지하기 때문이에요. 현존하는 최초의
한글 학습서인 『훈몽자회』(1527년)에도 10개의 모음이 먼저 나와요. 교과서나
사전은 'ㅏ, ㅐ, ㅑ, ㅒ, ㅓ, ㅔ…' 순서로 되어 있어 사용하기 번거로우므로,
이 책에서는 『훈몽자회』의 원칙을 따르면서, 현대 한글에서 사용하는 빈도를
고려하여 많이 쓰는 모음을 먼저 배우도록 했어요.

2권: 자음 글자를 배워요

2권에서는 첫소리에서 가장 많이 사용하는 자음 글자 13개(ㄱ, ㄴ, ㄷ, ㄹ, ㅁ, ㅂ,
ㅅ, ㅈ, ㅊ, ㅋ, ㅌ, ㅍ, ㅎ)를 배워요. 'ㄱ~ㅎ'이 첫소리에 오는 경우가 전체 한글의
97%가 넘기 때문이에요. 쌍자음은 사용 빈도가 낮고, 다른 자음과 함께 배우면
부담스러우므로 복잡한 모음과 함께 가장 나중에 배워요.

글자와 소리의 중심!
기본 모음부터 탄탄하게!

많이 쓰는 자음만
모아서 먼저!

7개의 기본 받침만 먼저
효율적으로!

『아하 한글 배우기』로
한글 떼기
100% 완성!

쌍자음과 복잡한 모음만
모아 한 권으로!

2단계 받침 글자도 읽어요

3권: 받침 글자를 배워요

3권에서는 가장 많이 쓰는 기본 받침 7개(ㄱ, ㄴ, ㄹ, ㅁ, ㅂ, ㅅ, ㅇ)를 배워요.
기본 받침이 전체 받침 글자의 90%를 차지하기 때문이에요. 이들 받침은 대부분
소리 나는 대로 쓸 수 있어서 중요하고 배우기 쉬워요. 이것 역시 『훈민정음』과
『훈몽자회』의 원칙을 따른 거예요.

3단계 복잡한 글자까지 읽어요

4권: 복잡한 글자를 배워요

4권에서는 복잡한 모음 11개(ㅐ, ㅔ, ㅘ, ㅢ, ㅝ, ㅚ, ㅙ, ㅝ, ㅞ, ㅒ, ㅖ)와 복잡한
자음 5개(ㄲ, ㄸ, ㅃ, ㅆ, ㅉ)를 모아서 배워요. 잘 사용하지 않고 모양이 복잡한
글자를 모아서 한꺼번에 배우는 것이 효율적이기 때문이에요. 복잡한 모음
중에서도 'ㅒ, ㅖ'는 전체의 0.02%밖에 되지 않고 글자 모양이 어렵기 때문에
가장 나중에 배워요. 쌍자음도 전체의 2.29%밖에 안 되기 때문에 굳이 빨리 배울
필요는 없어요.

이 책을 자세히 들여다볼까요?

1단계. 소리와 글자를 연결하고 글자 모양을 기억해요

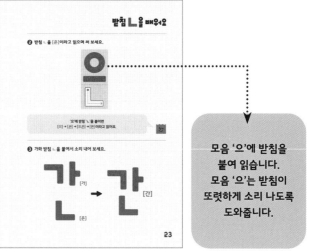

받침소리를 글자와 연결합니다. '으'에 받침을 붙여 보고
기본 글자인 '가'에 받침 'ㄱ'을 넣어서 [가 + 윽] → [가윽] → [각]처럼 발음해 보며
받침의 소리와 글자에 친숙해집니다.

2단계. 받침이 없는 글자와 있는 글자를 비교하며 소리와 모양의 차이를 알아요

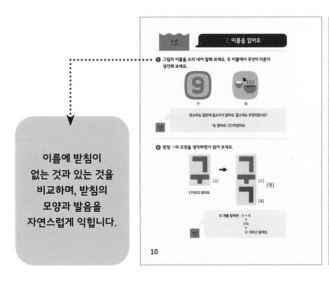

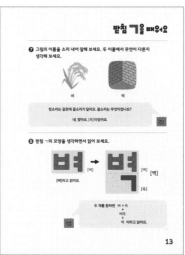

받침이 없고 있는 한 쌍의 단어를 비교합니다. 예를 들면 '무'와 '묵'을 비교하며
받침 'ㄱ'을 알아봅니다. 처음에는 '무'를 읽습니다. 그다음 '무'에 받침 'ㄱ'을 넣어서
[묵]을 발음하도록 유도합니다. 이 과정을 [무+윽] → [무윽] → [묵]으로 연습합니다.

3단계. 이름을 읽고 쓰며 받침을 반복해서 배워요

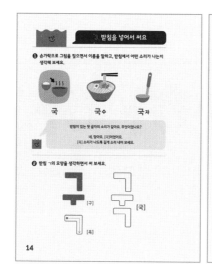
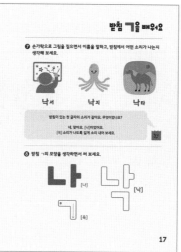

첫 글자가 서로 같은 이름들을 읽고 씁니다. 예를 들면 '국'이라는 글자가 공통으로 들어 있는
'국, 국수, 국자'를 읽고, 첫 글자의 소리가 똑같다는 것을 학습합니다. 첫 글자의 받침을 길게 소리 내고
받침의 모양을 생각하며 쓰는 활동을 여러 번 반복합니다.

4단계. 여러 이름에서 받침을 찾고 쓰며 받침을 확실히 익혀요

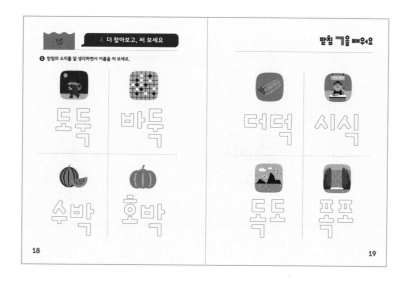

받침이 없는 글자와 있는 글자를 함께 살펴보며 모양과 소리를 비교합니다.
같은 받침이 들어간 여러 단어를 쓰며 자연스럽게 받침을 배우게 됩니다.
아이와 함께 같은 받침이 들어가는 단어 찾기 놀이를 해도 좋습니다

'으'에 받침을
붙여 발음해 보세요.

아하 한글 배우기 ③

ㅅ이 받침에 올 때는
'옷'으로 소리 내면 돼!

받침 글자를 배워요

받침 7개만 알면
받침 글자를
거의 다 읽을 수 있어!

ㄱ이 받침에 올 때는
'윽'으로 소리 내렴!

ㅇ은 받침 자리에서만
소리가 난단다.

받침 ㄱ을 배우어요

1. [윽]이라고 읽어요

❶ [윽]이라고 소리 내어 보세요.

ㄱ [기]

ㅇ [윽]

받침을 배울 때에는 'ㄱ'을 [윽]이라고 소리 내세요.
'기역'이라고 하면 안 됩니다. 원래 자음자 'ㄱ'의 명칭 중
'기'는 첫소리를, '윽'은 받침소리를 나타냅니다.

('기역(其役)'의 '역'은 조선 시대에 한자로 명칭을 표기할 때 '윽'이라는 한자가 없어서
'역'으로 한 것이 굳어진 표현입니다. 여기에서는 소리를 중요하게 여겨 [윽]으로 합니다.)

❷ 받침 ㄱ을 [윽]이라고 읽으며 써 보세요.

'으'에 받침 'ㄱ'을 붙이면
[으] + [윽] → [으윽] → [윽]이라고 읽어요.

❸ 가와 받침 ㄱ을 붙여서 소리 내어 보세요.

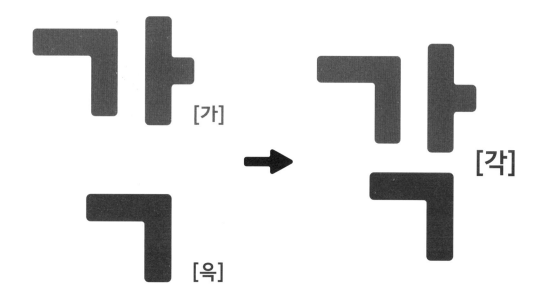

9

❶ 그림의 이름을 소리 내어 말하고, 두 이름에서 무엇이 다른지 생각해 보세요.

구   국

첫소리는 같은데 끝소리가 달라요. 끝소리는 무엇이었나요?

네, 맞아요. [윽]이었어요.

❷ 받침 ㄱ의 모양을 생각하면서 읽어 보세요.

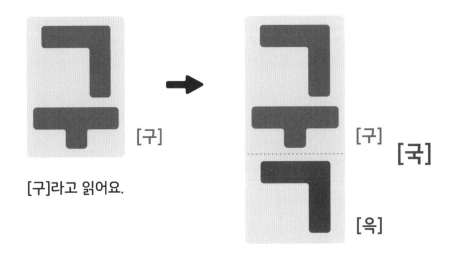

[구]라고 읽어요.

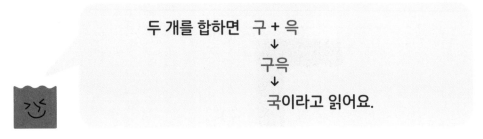

두 개를 합하면   구 + 윽
↓
구윽
↓
국이라고 읽어요.

❸ 그림의 이름을 소리 내어 말하고, 두 이름에서 무엇이 다른지 생각해 보세요.

무   묵

첫소리는 같은데 끝소리가 달라요. 끝소리는 무엇이었나요?

네, 맞아요. [윽]이었어요.

❹ 받침 ㄱ의 모양을 생각하면서 읽어 보세요.

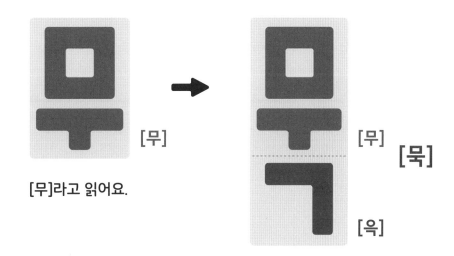

[무]라고 읽어요.

[무]   [묵]
[윽]

두 개를 합하면 무 + 윽
↓
무윽
↓
묵이라고 읽어요.

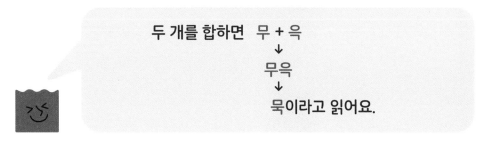

❺ 그림의 이름을 소리 내어 말하고, 두 이름에서 무엇이 다른지 생각해 보세요.

바   박

첫소리는 같은데 끝소리가 달라요. 끝소리는 무엇이었나요?

네, 맞아요. [윽]이었어요.

❻ 받침 ㄱ의 모양을 생각하면서 읽어 보세요.

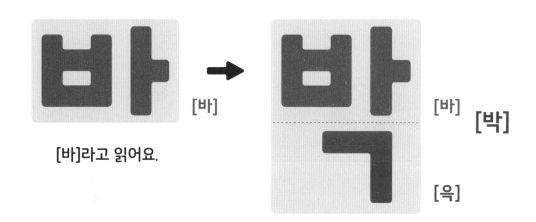

[바]라고 읽어요.

[바]

[바]
[박]

[윽]

두 개를 합하면 바 + 윽
↓
바윽
↓
박이라고 읽어요.

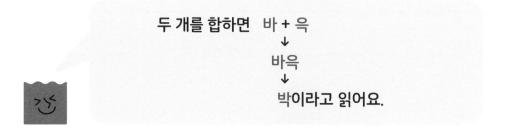

❼ 그림의 이름을 소리 내어 말하고, 두 이름에서 무엇이 다른지 생각해 보세요.

벼   벽

첫소리는 같은데 끝소리가 달라요. 끝소리는 무엇이었나요?

네, 맞아요. [윽]이었어요.

❽ 받침 ㄱ의 모양을 생각하면서 읽어 보세요.

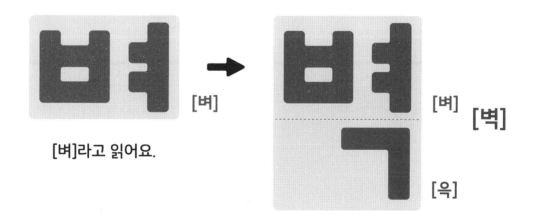

[벼]라고 읽어요.

두 개를 합하면 벼 + 윽
↓
벼윽
↓
벽이라고 읽어요.

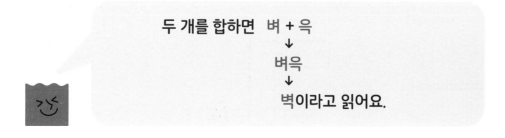

13

❶ 손가락으로 그림을 짚으면서 이름을 말하고, 받침에서 어떤 소리가 나는지
생각해 보세요.

국　　　　국수　　　　국자

받침이 있는 첫 글자의 소리가 같아요. 무엇이었나요?

네, 맞아요. [국]이었어요.
[윽] 소리가 나도록 길게 소리 내어 보세요.

❷ 받침 ㄱ의 모양을 생각하면서 써 보세요.

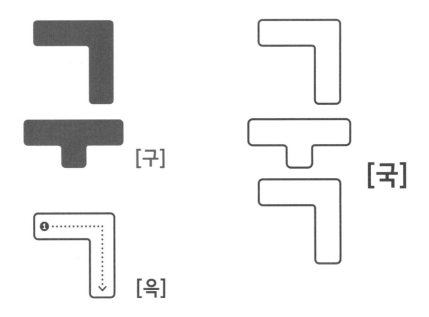

[구]

[국]

❶ [윽]

14

받침 ㄱ을 배워요

---

❸ 손가락으로 그림을 짚으면서 이름을 말하고, 받침에서 어떤 소리가 나는지 생각해 보세요.

목   목도리   목마

> 받침이 있는 첫 글자의 소리가 같아요. 무엇이었나요?
>
> 네, 맞아요. [목]이었어요.
> [윽] 소리가 나도록 길게 소리 내어 보세요.

---

❹ 받침 ㄱ의 모양을 생각하면서 써 보세요.

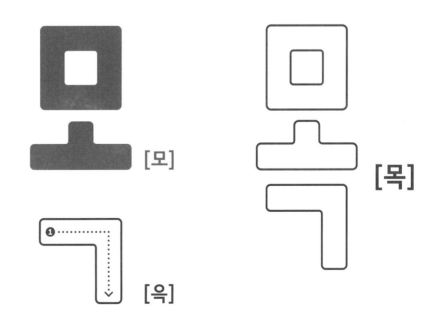

[모]

[윽]

[목]

15

❺ 손가락으로 그림을 짚으면서 이름을 말하고, 받침에서 어떤 소리가 나는지 생각해 보세요.

약   약지   약수터

받침이 있는 첫 글자의 소리가 같아요. 무엇이었나요?

네, 맞아요. [약]이었어요.
[윽] 소리가 나도록 길게 소리 내어 보세요.

---

❻ 받침 ㄱ의 모양을 생각하면서 써 보세요.

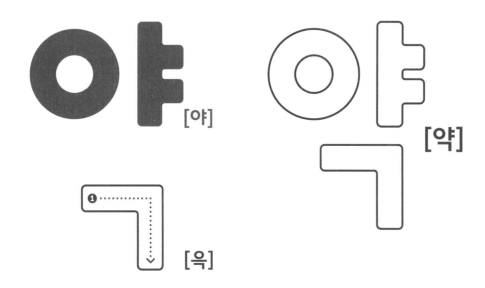

야[야]

약[약]

ㄱ[윽]

❼ 손가락으로 그림을 짚으면서 이름을 말하고, 받침에서 어떤 소리가 나는지 생각해 보세요.

낙서   **낙**지   **낙**타

받침이 있는 첫 글자의 소리가 같아요. 무엇이었나요?

네, 맞아요. [낙]이었어요.
[윽] 소리가 나도록 길게 소리 내어 보세요.

❽ 받침 ㄱ의 모양을 생각하면서 써 보세요.

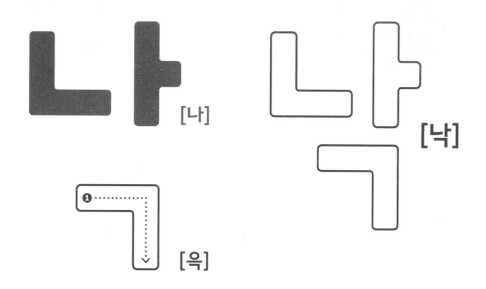

ㄴㅏ [나]

낙 [낙]

ㄱ [윽]

❶ 받침의 소리를 잘 생각하면서 이름을 써 보세요.

도둑

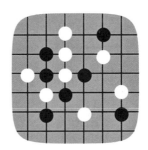

바둑

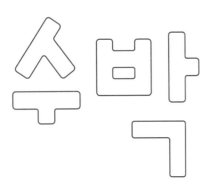

수박

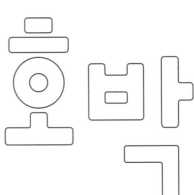

호박

더덕

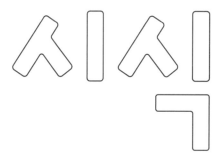

시식

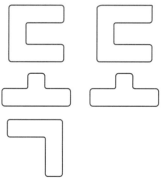

독도

폭포

❷ 받침에서 ㄱ[윽] 소리가 나는 것을 찾아 ○를 하고, 이름을 써 보세요.

다닥다닥
ㄱ   ㄱ

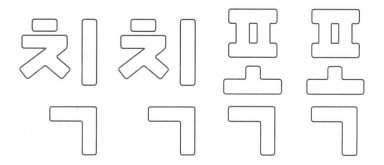

치치폭폭
ㄱ ㄱ ㄱ ㄱ

❸ 받침에서 ㄱ[윽] 소리가 나는 것을 더 찾아보세요.

복, 학, 먹이, 박수, 주먹 등도
받침에서 ㄱ[윽] 소리가 나요.

21

❶ [은]이라고 소리 내어 보세요.

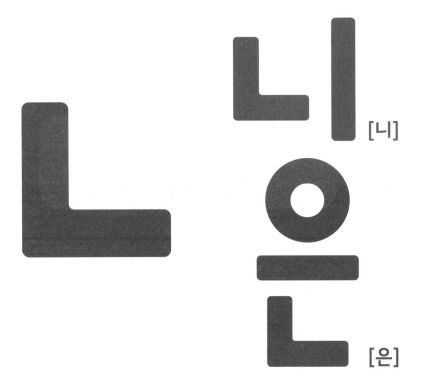

ㄴ

니 [니]

은 [은]

받침을 배울 때에는 'ㄴ'을 [은]이라고 소리 내세요.
'니은'이라고 하면 안 됩니다. 원래 자음자 'ㄴ'의 명칭 중
'니'는 첫소리를, '은'은 받침소리를 나타냅니다.

❷ 받침 ㄴ을 [은]이라고 읽으며 써 보세요.

'으'에 받침 'ㄴ'을 붙이면
[으] + [은] → [으은] → [은]이라고 읽어요.

❸ 가와 받침 ㄴ을 붙여서 소리 내어 보세요.

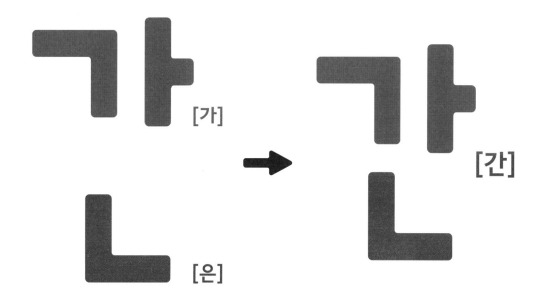

[가]

[은]

➡ [간]

① 그림의 이름을 소리 내어 말하고, 두 이름에서 무엇이 다른지 생각해 보세요.

무   문

첫소리는 같은데 끝소리가 달라요. 끝소리는 무엇이었나요?

네, 맞아요. [은]이었어요.

---

② 받침 ㄴ의 모양을 생각하면서 읽어 보세요.

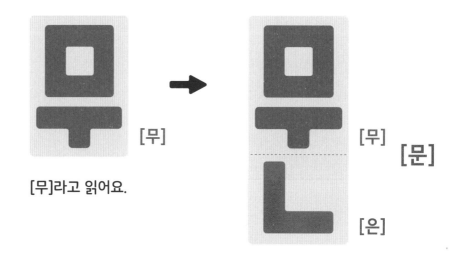

[무]

[무]라고 읽어요.

[무]
[문]
[은]

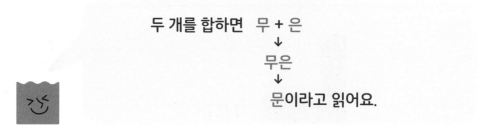

두 개를 합하면   무 + 은
↓
무은
↓
문이라고 읽어요.

24

❸ 그림의 이름을 소리 내어 말하고, 두 이름에서 무엇이 다른지 생각해 보세요.

소   손

첫소리는 같은데 끝소리가 달라요. 끝소리는 무엇이었나요?

네, 맞아요. [은]이었어요.

❹ 받침 ㄴ의 모양을 생각하면서 읽어 보세요.

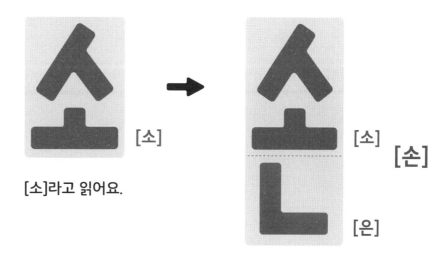

[소]라고 읽어요.

두 개를 합하면   소 + 은
↓
소은
↓
손이라고 읽어요.

⑤ 그림의 이름을 소리 내어 말하고, 두 이름에서 무엇이 다른지 생각해 보세요.

자   잔

첫소리는 같은데 끝소리가 달라요. 끝소리는 무엇이었나요?

네, 맞아요. [은]이었어요.

⑥ 받침 ㄴ의 모양을 생각하면서 읽어 보세요.

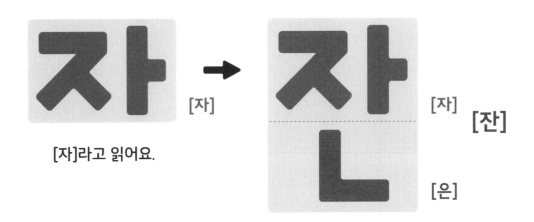

[자]라고 읽어요.

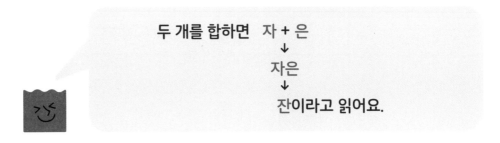
두 개를 합하면   자 + 은
↓
자은
↓
잔이라고 읽어요.

❼ 그림의 이름을 소리 내어 말하고, 두 이름에서 무엇이 다른지 생각해 보세요.

피   핀

첫소리는 같은데 끝소리가 달라요. 끝소리는 무엇이었나요?

네, 맞아요. [은]이었어요.

❽ 받침 ㄴ의 모양을 생각하면서 읽어 보세요.

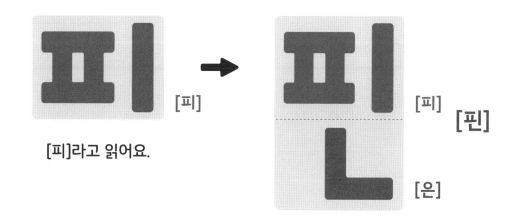

[피]라고 읽어요.

두 개를 합하면 피 + 은
↓
피은
↓
핀이라고 읽어요.

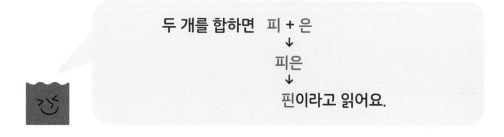

❶ 손가락으로 그림을 짚으면서 이름을 말하고, 받침에서 어떤 소리가 나는지 생각해 보세요.

문   문어   문지기

받침이 있는 첫 글자의 소리가 같아요. 무엇이었나요?

네, 맞아요. [문]이었어요.
[은] 소리가 나도록 길게 소리 내어 보세요.

❷ 받침 ㄴ의 모양을 생각하면서 써 보세요.

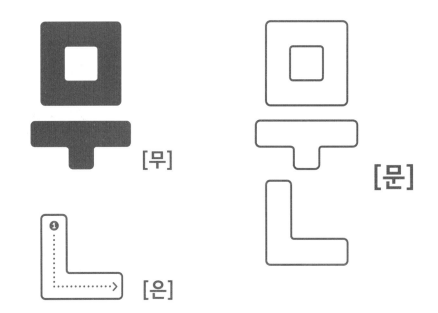

[무]

[은]

[문]

❸ 손가락으로 그림을 짚으면서 이름을 말하고, 받침에서 어떤 소리가 나는지
생각해 보세요.

분   분유   분 무기

받침이 있는 첫 글자의 소리가 같아요. 무엇이었나요?

네, 맞아요. [분]이었어요.
[은] 소리가 나도록 길게 소리 내어 보세요.

❹ 받침 ㄴ의 모양을 생각하면서 써 보세요.

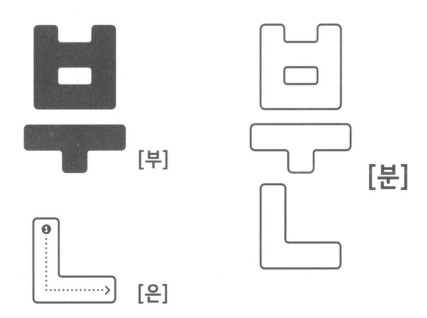

[부]

[분]

[은]

❺ 손가락으로 그림을 짚으면서 이름을 말하고, 받침에서 어떤 소리가 나는지
생각해 보세요.

산   산소   산호

받침이 있는 첫 글자의 소리가 같아요. 무엇이었나요?

네, 맞아요. [산]이었어요.
[은] 소리가 나도록 길게 소리 내어 보세요.

❻ 받침 ㄴ의 모양을 생각하면서 써 보세요.

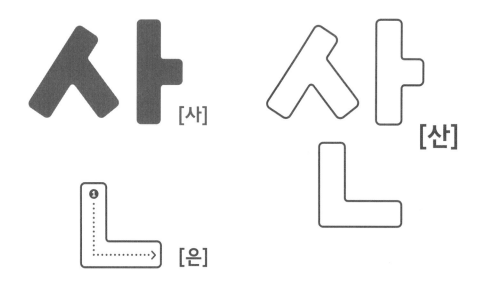

사 [사]

산 [산]

[은]

30

❼ 손가락으로 그림을 짚으면서 이름을 말하고, 받침에서 어떤 소리가 나는지
생각해 보세요.

반 　　　 반디 　　　 반바지

받침이 있는 첫 글자의 소리가 같아요. 무엇이었나요?

네, 맞아요. [반]이었어요.
[은] 소리가 나도록 길게 소리 내어 보세요.

❽ 받침 ㄴ의 모양을 생각하면서 써 보세요.

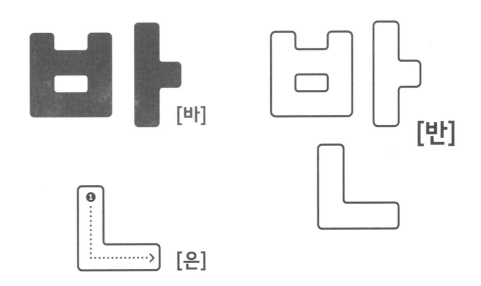

바 [바]　　　　반 [반]

[은]

① 받침의 소리를 잘 생각하면서 이름을 써 보세요.

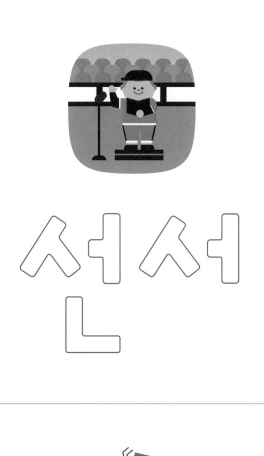

선서

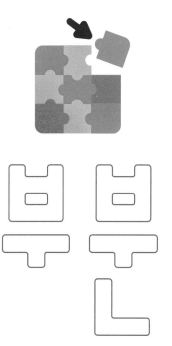

부분

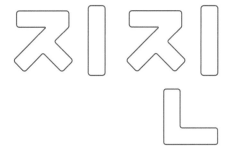

지진

지진

② 받침에서 ㄴ[은] 소리가 나는 것을 찾아 ○를 하고, 이름을 써 보세요.

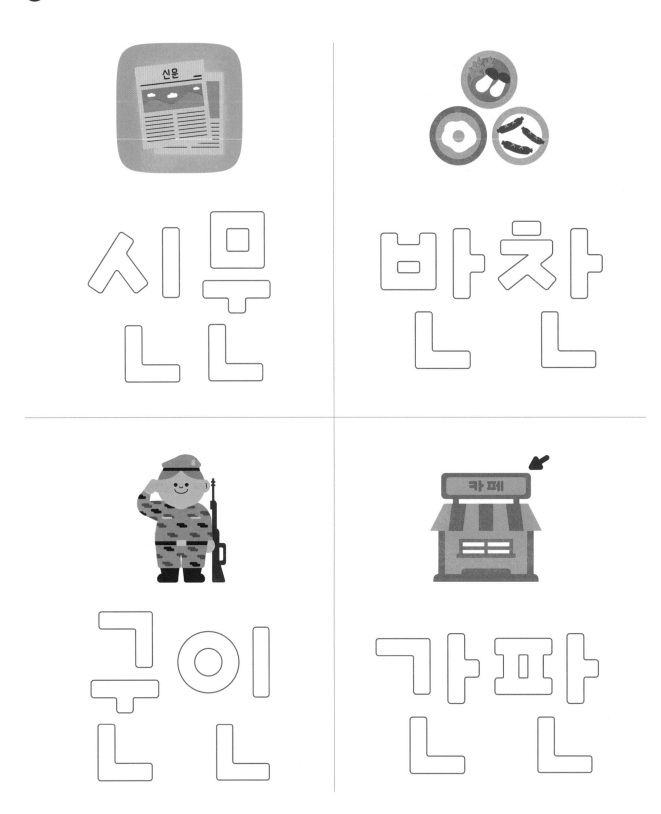

34

❸ 받침에서 ㄴ[은] 소리가 나는 것을 더 찾아보세요.

눈, 돈, 반지, 인어, 편지 등도
받침에서 ㄴ[은] 소리가 나요.

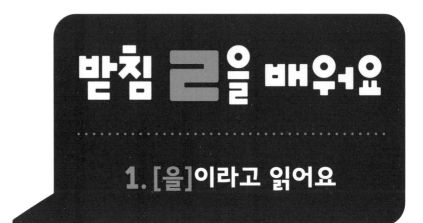

받침 ㄹ을 배우어요

1. [을]이라고 읽어요

❶ [을]이라고 소리 내어 보세요.

받침을 배울 때에는 'ㄹ'을 [을]이라고 소리 내세요.
'리을'이라고 하면 안 됩니다. 원래 자음자 'ㄹ'의 명칭 중
'리'는 첫소리를, '을은 받침소리를 나타냅니다.

❷ 받침 ㄹ을 [을]이라고 읽으며 써 보세요.

'으'에 받침 'ㄹ'을 붙이면
[으] + [을] → [으을] → [을]이라고 읽어요.

❸ 가와 받침 ㄹ을 붙여서 소리 내어 보세요.

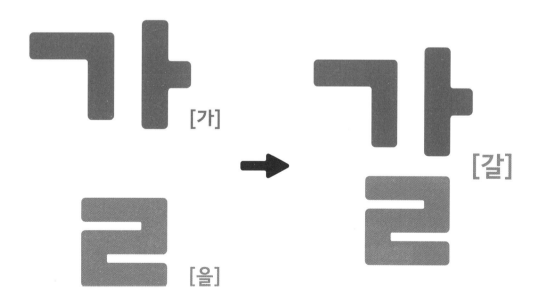

[가]

[을]

[갈]

❶ 그림의 이름을 소리 내어 말하고, 두 이름에서 무엇이 다른지 생각해 보세요.

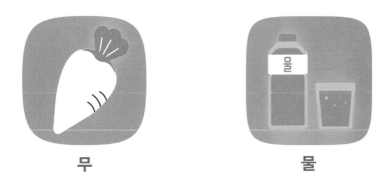

무　　　　　　　　물

첫소리는 같은데 끝소리가 달라요. 끝소리는 무엇이었나요?

네, 맞아요. [을]이었어요.

❷ 받침 ㄹ의 모양을 생각하면서 읽어 보세요.

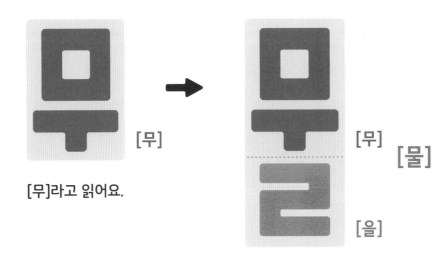

[무]

[무]라고 읽어요.

[무]
[물]
[을]

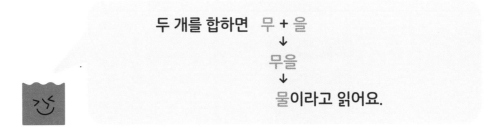

두 개를 합하면　무 + 을
↓
무을
↓
물이라고 읽어요.

❸ 그림의 이름을 소리 내어 말하고, 두 이름에서 무엇이 다른지 생각해 보세요.

보   볼

첫소리는 같은데 끝소리가 달라요. 끝소리는 무엇이었나요?

네, 맞아요. [을]이었어요.

❹ 받침 ㄹ의 모양을 생각하면서 읽어 보세요.

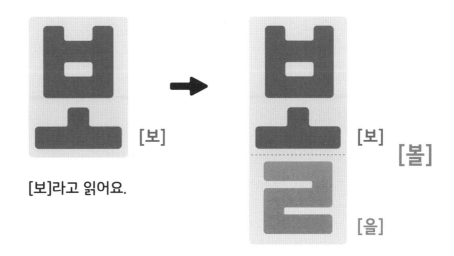

[보]라고 읽어요.

두 개를 합하면 보 + 을
↓
보을
↓
볼이라고 읽어요.

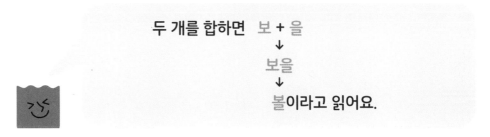

❺ 그림의 이름을 소리 내어 말하고, 두 이름에서 무엇이 다른지 생각해 보세요.

파   팔

첫소리는 같은데 끝소리가 달라요. 끝소리는 무엇이었나요?

 네, 맞아요. [을]이었어요.

❻ 받침 ㄹ의 모양을 생각하면서 읽어 보세요.

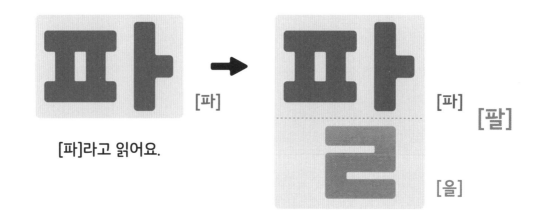

[파]라고 읽어요.

두 개를 합하면   파 + 을
↓
파을
↓
팔이라고 읽어요.

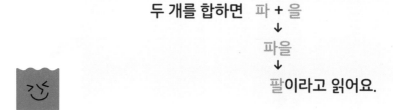

❼ 그림의 이름을 소리 내어 말하고, 두 이름에서 무엇이 다른지 생각해 보세요.

기   길

첫소리는 같은데 끝소리가 달라요. 끝소리는 무엇이었나요?

네, 맞아요. [을]이었어요.

❽ 받침 ㄹ의 모양을 생각하면서 읽어 보세요.

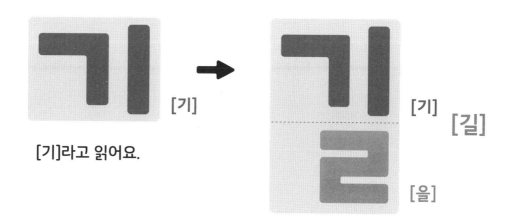

[기]라고 읽어요.

두 개를 합하면   기 + 을
↓
기을
↓
길이라고 읽어요.

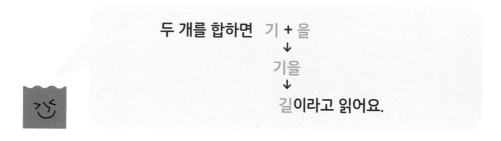

41

❶ 손가락으로 그림을 짚으면서 이름을 말하고, 받침에서 어떤 소리가 나는지 생각해 보세요.

불   불 고기   불 가사리

받침이 있는 첫 글자의 소리가 같아요. 무엇이었나요?

네, 맞아요. [불]이었어요.
[을] 소리가 나도록 길게 소리 내어 보세요.

❷ 받침 ㄹ의 모양을 생각하면서 써 보세요.

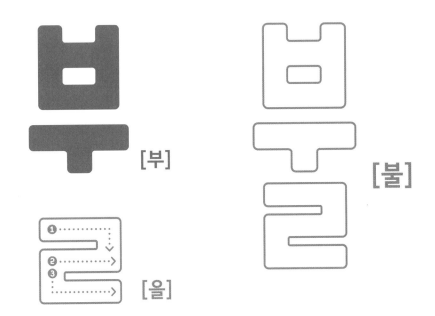

[부]

❶ ┈┈┈┈ ↓
❷ ┈┈┈┈ →
❸ ┈┈┈┈ →

[을]

[불]

42

❸ 손가락으로 그림을 짚으면서 이름을 말하고, 받침에서 어떤 소리가 나는지 생각해 보세요.

줄   줄자   줄다리기

받침이 있는 첫 글자의 소리가 같아요. 무엇이었나요?

네, 맞아요. [줄]이었어요.
[을] 소리가 나도록 길게 소리 내어 보세요.

❹ 받침 ㄹ의 모양을 생각하면서 써 보세요.

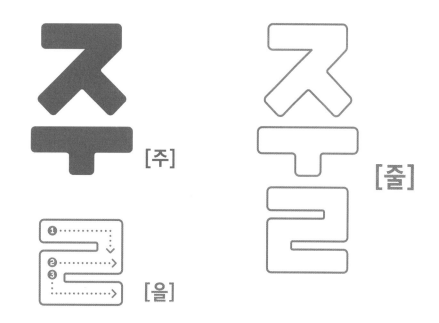

[주]

[을]

[줄]

❺ 손가락으로 그림을 짚으면서 이름을 말하고, 받침에서 어떤 소리가 나는지 생각해 보세요.

달　　　　　달**구지**　　　　　달**리기**

받침이 있는 첫 글자의 소리가 같아요. 무엇이었나요?

네, 맞아요. [달]이었어요.
[을] 소리가 나도록 길게 소리 내어 보세요.

❻ 받침 ㄹ의 모양을 생각하면서 써 보세요.

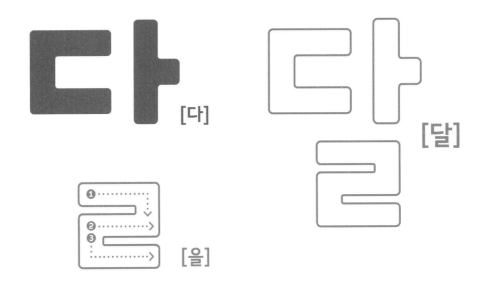

❼ 손가락으로 그림을 짚으면서 이름을 말하고, 받침에서 어떤 소리가 나는지 생각해 보세요.

발   **발**레   **발**차기

받침이 있는 첫 글자의 소리가 같아요. 무엇이었나요?

네, 맞아요. [발]이었어요.
[을] 소리가 나도록 길게 소리 내어 보세요.

❽ 받침 ㄹ의 모양을 생각하면서 써 보세요.

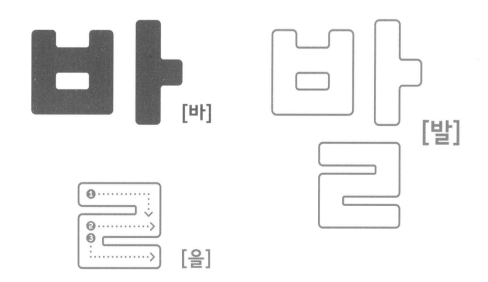

[바]   [발]

❶
❷
❸ [을]

1 받침의 소리를 잘 생각하면서 이름을 써 보세요.

수술

미술

그물

보물

47

❷ 받침에서 ㄹ[을] 소리가 나는 것을 찾아 ◯를 하고, 이름을 써 보세요.

달갸
ㄹ ㄹ

어구
ㄹ ㄹ

터시
ㄹ ㄹ

마버
ㄹ ㄹ

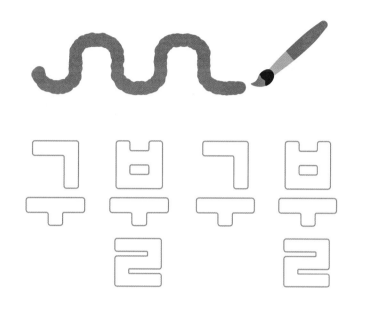

구 붑 구 붑

돌 돌 돌 돌

3 받침에서 ㄹ[을] 소리가 나는 것을 더 찾아보세요.

글, 돌, 날씨, 가발, 졸졸 등도
받침에서 ㄹ[을] 소리가 나요.

받침 ㅁ을 배우어요

1. [음]이라고 읽어요

① [음]이라고 소리 내어 보세요.

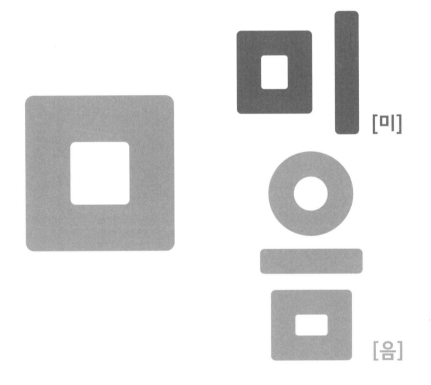

[미]

[음]

받침을 배울 때에는 'ㅁ'을 [음]이라고 소리 내세요.
'미음'이라고 하면 안 됩니다. 원래 자음자 'ㅁ'의 명칭 중
'미'는 첫소리를, '음'은 받침소리를 나타냅니다.

❷ 받침 □을 [음]이라고 읽으며 써 보세요.

'으'에 받침 'ㅁ'을 붙이면
[으] + [음] → [으음] → [음]이라고 읽어요.

❸ 가와 받침 □을 붙여서 소리 내어 보세요.

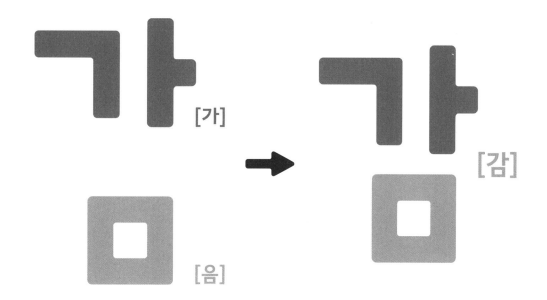

[가]

[음]

→ [감]

❶ 그림의 이름을 소리 내어 말하고, 두 이름에서 무엇이 다른지 생각해 보세요.

보   봄

첫소리는 같은데 끝소리가 달라요. 끝소리는 무엇이었나요?

네, 맞아요. [음]이었어요.

❷ 받침 □의 모양을 생각하면서 읽어 보세요.

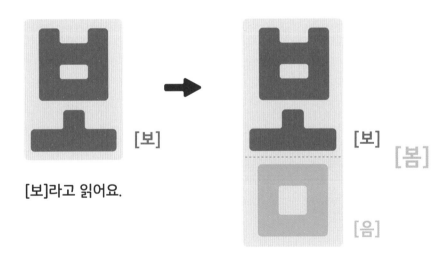

[보]   [보]

[봄]

[음]

[보]라고 읽어요.

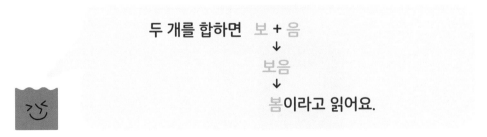

두 개를 합하면 보 + 음
↓
보음
↓
봄이라고 읽어요.

❸ 그림의 이름을 소리 내어 말하고, 두 이름에서 무엇이 다른지 생각해 보세요.

소   솜

첫소리는 같은데 끝소리가 달라요. 끝소리는 무엇이었나요?

네, 맞아요. [음]이었어요.

❹ 받침 □의 모양을 생각하면서 읽어 보세요.

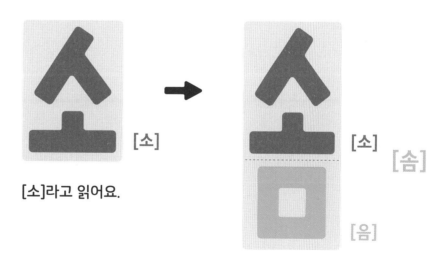

[소]라고 읽어요.

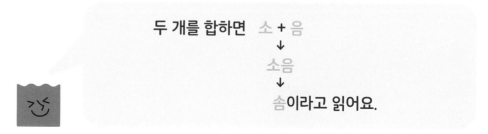

두 개를 합하면 소 + 음
↓
소음
↓
솜이라고 읽어요.

❺ 그림의 이름을 소리 내어 말하고, 두 이름에서 무엇이 다른지 생각해 보세요.

사   삼

첫소리는 같은데 끝소리가 달라요. 끝소리는 무엇이었나요?

네, 맞아요. [음]이었어요.

❻ 받침 □의 모양을 생각하면서 읽어 보세요.

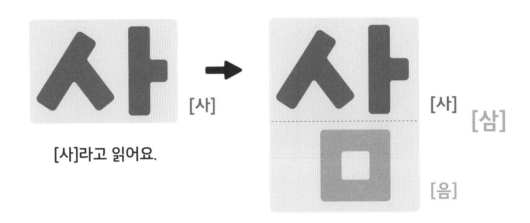

[사]라고 읽어요.

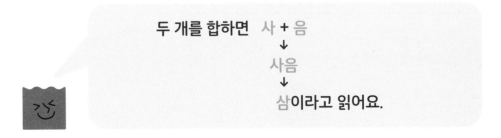

두 개를 합하면 사 + 음
↓
사음
↓
삼이라고 읽어요.

54

7 그림의 이름을 소리 내어 말하고, 두 이름에서 무엇이 다른지 생각해 보세요.

기   김

첫소리는 같은데 끝소리가 달라요. 끝소리는 무엇이었나요?

네, 맞아요. [음]이었어요.

8 받침 ㅁ의 모양을 생각하면서 읽어 보세요.

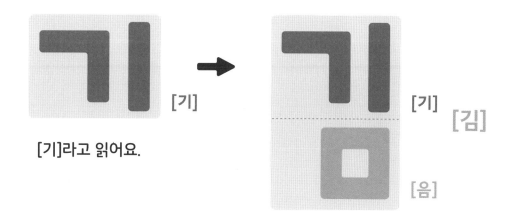

[기]라고 읽어요.

[기] [김]

[음]

두 개를 합하면   기 + 음

↓

기음

↓

김이라고 읽어요.

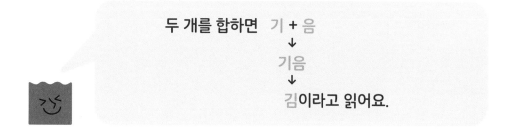

❶ 손가락으로 그림을 짚으면서 이름을 말하고, 받침에서 어떤 소리가 나는지 생각해 보세요.

금   금고   금비녀

받침이 있는 첫 글자의 소리가 같아요. 무엇이었나요?

네, 맞아요. [금]이었어요.
[음] 소리가 나도록 길게 소리 내어 보세요.

---

❷ 받침 ㅁ의 모양을 생각하면서 써 보세요.

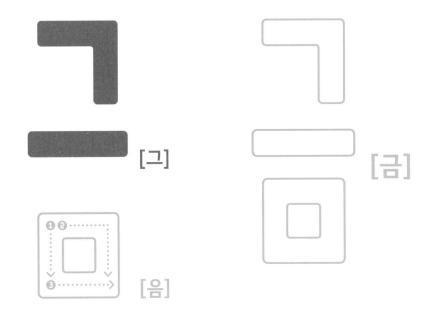

[그]

[음]

[금]

❸ 손가락으로 그림을 짚으면서 이름을 말하고, 받침에서 어떤 소리가 나는지 생각해 보세요.

감　　　　　감기　　　　　감자

받침이 있는 첫 글자의 소리가 같아요. 무엇이었나요?

네, 맞아요. [감]이었어요.
[음] 소리가 나도록 길게 소리 내어 보세요.

❹ 받침 ㅁ의 모양을 생각하면서 써 보세요.

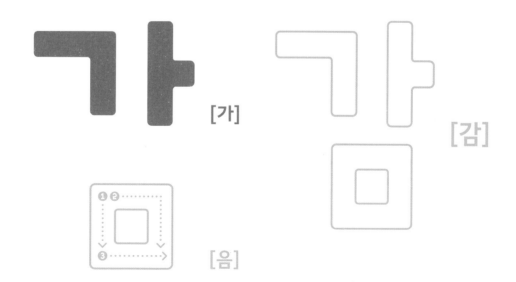

[가]

[음]

[감]

❺ 손가락으로 그림을 짚으면서 이름을 말하고, 받침에서 어떤 소리가 나는지 생각해 보세요.

잠　　　　**잠**수　　　　**잠**자리

받침이 있는 첫 글자의 소리가 같아요. 무엇이었나요?

네, 맞아요. [잠]이었어요.
[음] 소리가 나도록 길게 소리 내어 보세요.

❻ 받침 ㅁ의 모양을 생각하면서 써 보세요.

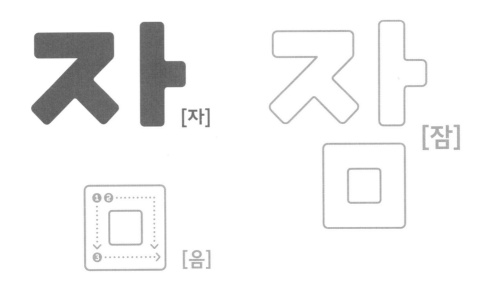

❼ 손가락으로 그림을 짚으면서 이름을 말하고, 받침에서 어떤 소리가 나는지
생각해 보세요.

점   점프   점수

받침이 있는 첫 글자의 소리가 같아요. 무엇이었나요?

네, 맞아요. [점]이었어요.
[음] 소리가 나도록 길게 소리 내어 보세요.

❽ 받침 ㅁ의 모양을 생각하면서 써 보세요.

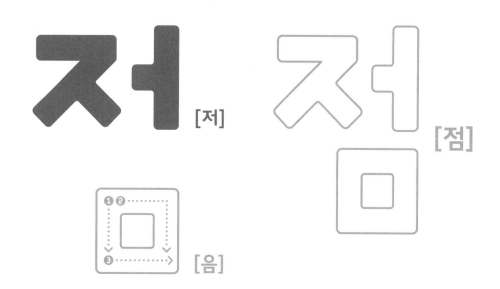

저 [저]

점 [점]

[음]

59

❶ 받침의 소리를 잘 생각하면서 이름을 써 보세요.

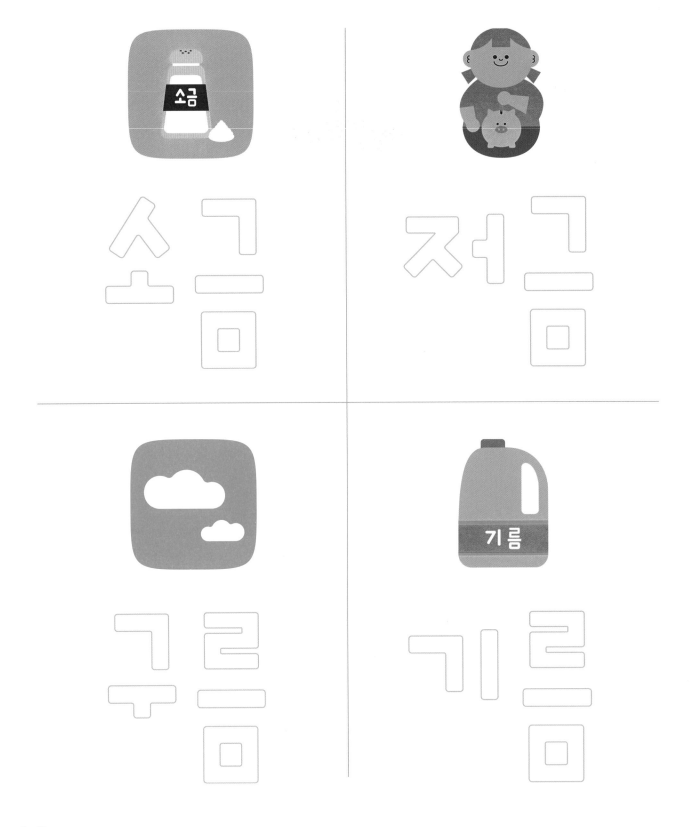

사슴ㅁ

머슴ㅁ

수염ㅁ

염소ㅁ

❷ 받침에서 ㅁ[음] 소리가 나는 것을 찾아 ◯를 하고, 이름을 써 보세요.

저시 ㅁ ㅁ

이ㄱ니 ㅁ ㅁ ㅁ

ㄴ냐냐 ㅁ ㅁ

바차 ㅁ ㅁ

더듬더듬

주춤주춤

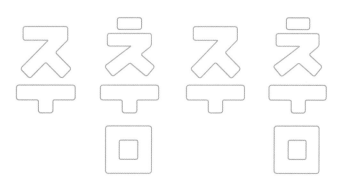

❸ 받침에서 ㅁ[음] 소리가 나는 것을 더 찾아보세요.

몸, 섬, 침, 기침, 밤나무 등도
받침에서 ㅁ[음] 소리가 나요.

받침 ㅂ을 배우어요

1. [읍]이라고 읽어요

❶ [읍]이라고 소리 내어 보세요.

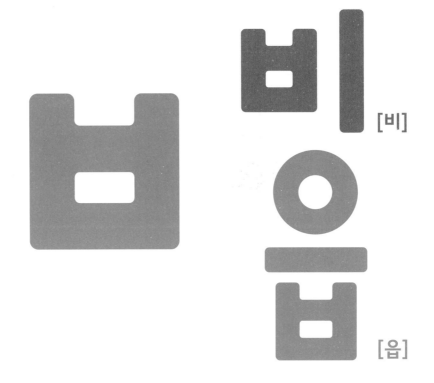

[비]

[읍]

받침을 배울 때에는 'ㅂ'을 [읍]이라고 소리 내세요.
'비읍'이라고 하면 안 됩니다. 원래 자음자 'ㅂ'의 명칭 중
'비'는 첫소리를, '읍'은 받침소리를 나타냅니다.

❷ 받침 ㅂ을 [읍]이라고 읽으며 써 보세요.

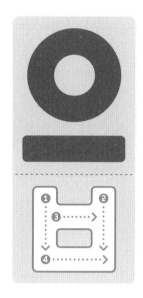

'으'에 받침 'ㅂ'을 붙이면
[으] + [읍] → [으읍] → [읍]이라고 읽어요.

❸ 가와 받침 ㅂ을 붙여서 소리 내어 보세요.

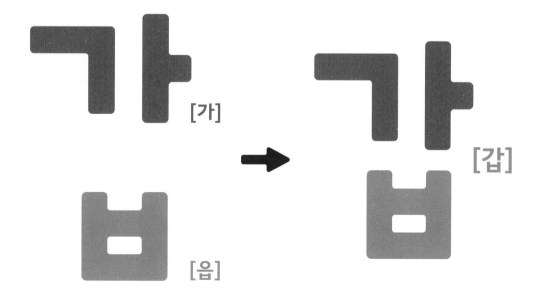

[가]

[읍]

→

[갑]

① 그림의 이름을 소리 내어 말하고, 두 이름에서 무엇이 다른지 생각해 보세요.

첫소리는 같은데 끝소리가 달라요. 끝소리는 무엇이었나요?

네, 맞아요. [읍]이었어요.

---

② 받침 ㅂ의 모양을 생각하면서 읽어 보세요.

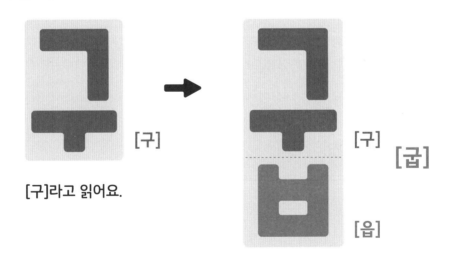

두 개를 합하면 구 + 읍
↓
구읍
↓
굽이라고 읽어요.

❸ 그림의 이름을 소리 내어 말하고, 두 이름에서 무엇이 다른지 생각해 보세요.

토   톱

첫소리는 같은데 끝소리가 달라요. 끝소리는 무엇이었나요?

네, 맞아요. [읍]이었어요.

❹ 받침 ㅂ의 모양을 생각하면서 읽어 보세요.

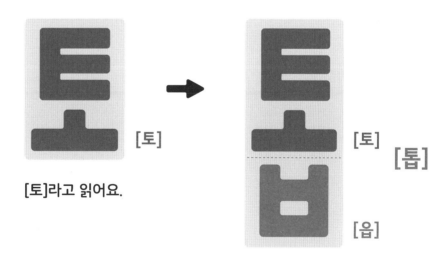

[토]

[토]라고 읽어요.

[토]
[톱]
[읍]

두 개를 합하면 토 + 읍
↓
토읍
↓
톱이라고 읽어요.

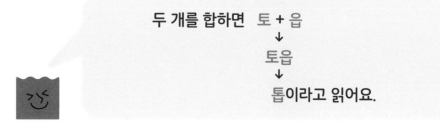

❺ 그림의 이름을 소리 내어 말하고, 두 이름에서 무엇이 다른지 생각해 보세요.

사 삽

첫소리는 같은데 끝소리가 달라요. 끝소리는 무엇이었나요?

네, 맞아요. [읍]이었어요.

❻ 받침 ㅂ의 모양을 생각하면서 읽어 보세요.

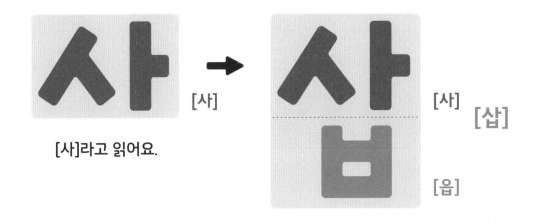

[사]라고 읽어요.

두 개를 합하면 사 + 읍

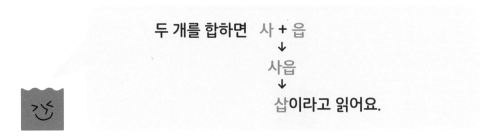

↓

사읍

↓

삽이라고 읽어요.

❼ 그림의 이름을 소리 내어 말하고, 두 이름에서 무엇이 다른지 생각해 보세요.

이

입

첫소리는 같은데 끝소리가 달라요. 끝소리는 무엇이었나요?

네, 맞아요. [읍]이었어요.

❽ 받침 ㅂ의 모양을 생각하면서 읽어 보세요.

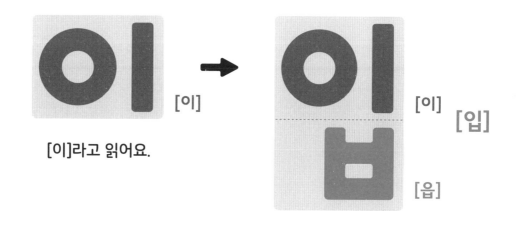

[이]

[이]라고 읽어요.

[이]
[입]
[읍]

두 개를 합하면   이 + 읍
↓
이읍
↓
입이라고 읽어요.

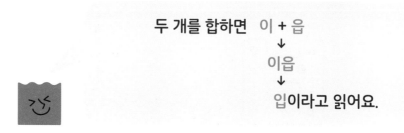

❶ 손가락으로 그림을 짚으면서 이름을 말하고, 받침에서 어떤 소리가 나는지 생각해 보세요.

곱

곱하기

곱다

받침이 있는 첫 글자의 소리가 같아요. 무엇이었나요?

네, 맞아요. [곱]이었어요.
[읍] 소리가 나도록 길게 소리 내어 보세요.

❷ 받침 ㅂ의 모양을 생각하면서 써 보세요.

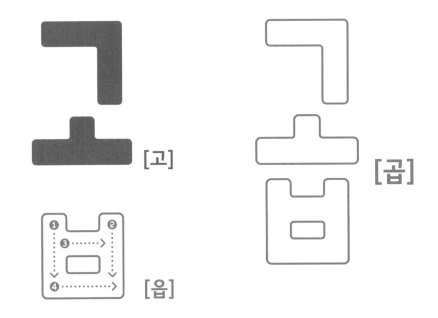

[고]

[곱]

[읍]

❸ 손가락으로 그림을 짚으면서 이름을 말하고, 받침에서 어떤 소리가 나는지 생각해 보세요.

굽   굽다   굽히다

받침이 있는 첫 글자의 소리가 같아요. 무엇이었나요?

네, 맞아요. [굽]이었어요.
[읍] 소리가 나도록 길게 소리 내어 보세요.

❹ 받침 ㅂ의 모양을 생각하면서 써 보세요.

[구]

[읍]

[굽]

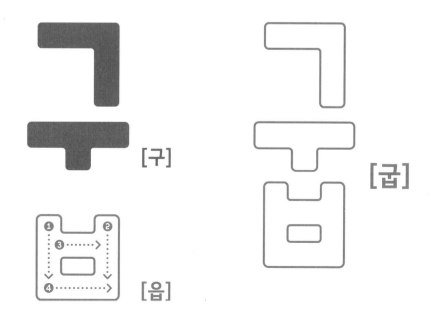

71

❺ 손가락으로 그림을 짚으면서 이름을 말하고, 받침에서 어떤 소리가 나는지
생각해 보세요.

밥   밥통   밥상

받침이 있는 첫 글자의 소리가 같아요. 무엇이었나요?

네, 맞아요. [밥]이었어요.
[읍] 소리가 나도록 길게 소리 내어 보세요.

❻ 받침 ㅂ의 모양을 생각하면서 써 보세요.

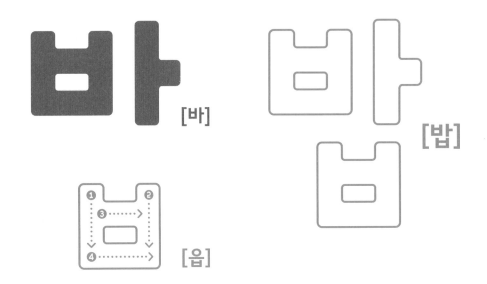

바 [바]

밥 [밥]

[읍]

❼ 손가락으로 그림을 짚으면서 이름을 말하고, 받침에서 어떤 소리가 나는지
생각해 보세요.

삽   삽자루   삽사리

받침이 있는 첫 글자의 소리가 같아요. 무엇이었나요?

네, 맞아요. [삽]이었어요.
[읍] 소리가 나도록 길게 소리 내어 보세요.

❽ 받침 ㅂ의 모양을 생각하면서 써 보세요.

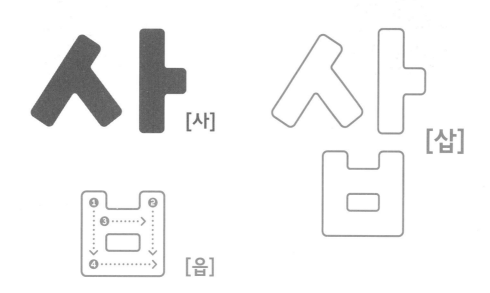

사 [사]

산 [삽]

[읍]

❶ 받침의 소리를 잘 생각하면서 이름을 써 보세요.

커ㅂ

타ㅂ

초가지ㅂ

거미지ㅂ

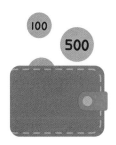

지갑

보리밥

무즙

포도즙

75

❷ 받침에서 ㅂ[읍] 소리가 나는 것을 찾아 ◯를 하고, 이름을 써 보세요.

토바밥

토니밥

접시밥

가습기밥

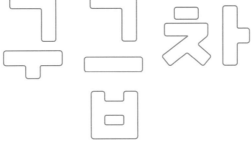

구급차

구이구이

3 받침에서 ㅂ[읍] 소리가 나는 것을 더 찾아보세요.

> 답, 십, 엽서, 넙치, 집게 등도
> 받침에서 ㅂ[읍] 소리가 나요.

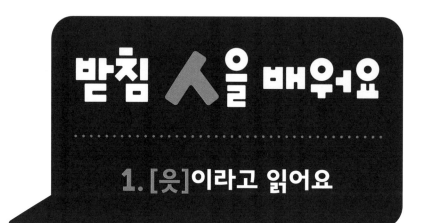

❶ [웃]이라고 소리 내어 보세요.

ㅅ 시 [시]

ㅇ

웃 [웃]

받침을 배울 때에는 'ㅅ'을 [웃]이라고 소리 내세요.
'시옷'이라고 하면 안 됩니다. 원래 자음자 'ㅅ'의 명칭 중
'시'는 첫소리를, '웃'은 받침소리를 나타냅니다.

('시옷'은 조선 시대에 한자로 명칭을 표기할 때 '웃'이라는 한자가 없어서
'시옷(時衣)'으로 한 것이 굳어진 이름입니다. 여기에서는 소리를 중요하게 여겨
'옷'을 [웃]으로 합니다. 실제 발음은 [읃]이지만 혼란을 줄이기 위해 사용하지 않습니다.)

❷ 받침 ㅅ을 [읏]이라고 읽으며 써 보세요.

'으'에 받침 'ㅅ'을 붙이면
[으] + [읏] → [으읏] → [읏]이라고 읽어요.

❸ 가와 받침 ㅅ을 붙여서 소리 내어 보세요.

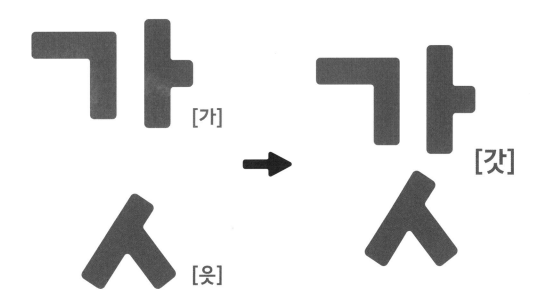

[가]

[읏]

[갓]

79

❶ 그림의 이름을 소리 내어 말하고, 두 이름에서 무엇이 다른지 생각해 보세요.

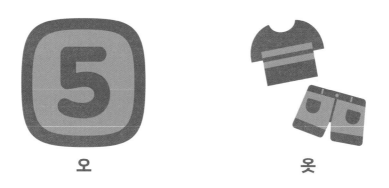

오   옷

 첫소리는 같은데 끝소리가 달라요. 끝소리는 무엇이었나요?

네, 맞아요. [웃]이었어요.

❷ 받침 ㅅ의 모양을 생각하면서 읽어 보세요.

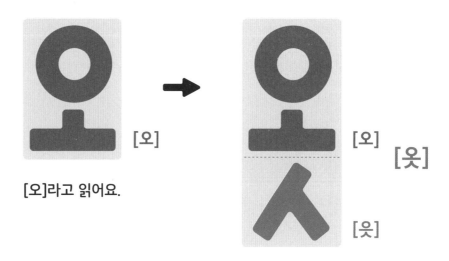

[오]라고 읽어요.

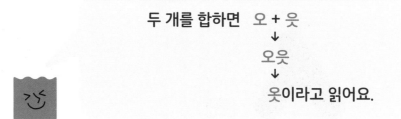

두 개를 합하면   오 + 옷
↓
오웃
↓
옷이라고 읽어요.

❸ 그림의 이름을 소리 내어 말하고, 두 이름에서 무엇이 다른지 생각해 보세요.

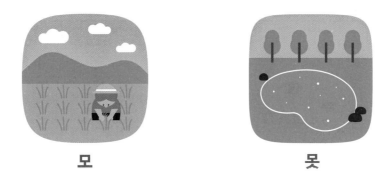

모   못

첫소리는 같은데 끝소리가 달라요. 끝소리는 무엇이었나요?

네, 맞아요. [웃]이었어요.

❹ 받침 ㅅ의 모양을 생각하면서 읽어 보세요.

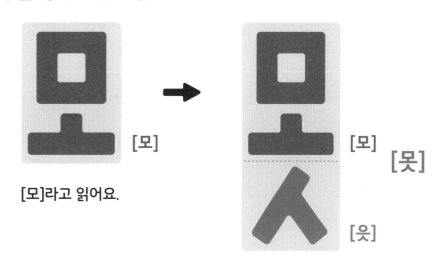

[모]

[모]라고 읽어요.

[모]
[못]
[웃]

두 개를 합하면 모 + 웃
↓
모웃
↓
못이라고 읽어요.

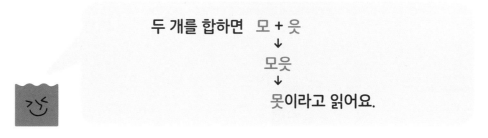

❺ 그림의 이름을 소리 내어 말하고, 두 이름에서 무엇이 다른지 생각해 보세요.

비   빗

첫소리는 같은데 끝소리가 달라요. 끝소리는 무엇이었나요?

네, 맞아요. [읏]이었어요.

❻ 받침 ㅅ의 모양을 생각하면서 읽어 보세요.

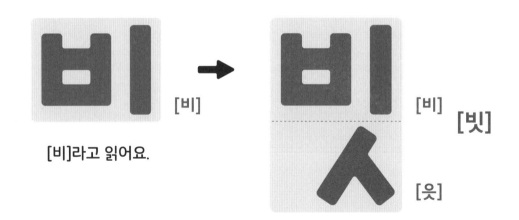

[비]라고 읽어요.

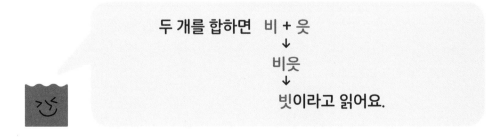
두 개를 합하면 비 + 읏
↓
비읏
↓
빗이라고 읽어요.

❼ 그림의 이름을 소리 내어 말하고, 두 이름에서 무엇이 다른지 생각해 보세요.

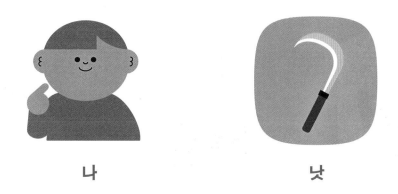

나   낫

첫소리는 같은데 끝소리가 달라요. 끝소리는 무엇이었나요?

네, 맞아요. [웃]이었어요.

❽ 받침 ㅅ의 모양을 생각하면서 읽어 보세요.

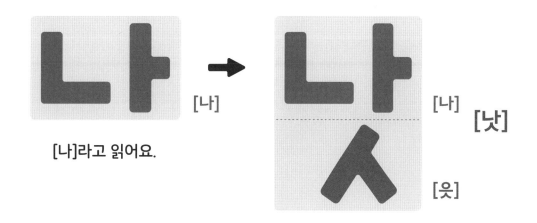

[나]라고 읽어요.

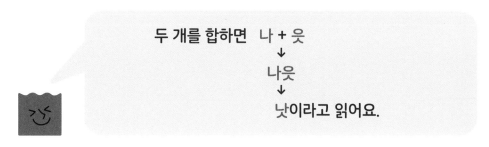

두 개를 합하면 나 + 웃
↓
나웃
↓
낫이라고 읽어요.

83

3. 받침을 넣어서 써요

❶ 손가락으로 그림을 짚으면서 이름을 말하고, 받침에서 어떤 소리가 나는지
생각해 보세요.

맛   맛 보기   맛 조개

받침이 있는 첫 글자의 소리가 같아요. 무엇이었나요?

네, 맞아요. [맛]이었어요.
[읏] 소리가 나도록 길게 소리 내어 보세요.

❷ 받침 ㅅ의 모양을 생각하면서 써 보세요.

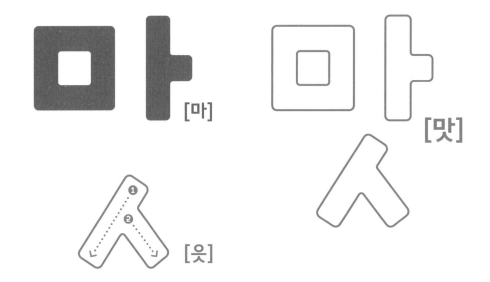

[마]   [맛]

[읏]

❸ 손가락으로 그림을 짚으면서 이름을 말하고, 받침에서 어떤 소리가 나는지 생각해 보세요.

| 못 | 못 | 못자리 |

받침이 있는 첫 글자의 소리가 같아요. 무엇이었나요?

네, 맞아요. [몯]이었어요.
[욷] 소리가 나도록 길게 소리 내어 보세요.

❹ 받침 ㅅ의 모양을 생각하면서 써 보세요.

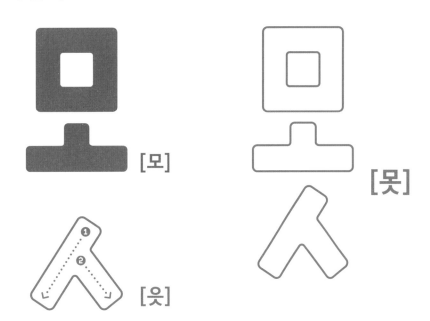

[모]

[몯]

[욷]

85

❺ 손가락으로 그림을 짚으면서 이름을 말하고, 받침에서 어떤 소리가 나는지 생각해 보세요.

벗   벗다

받침이 있는 첫 글자의 소리가 같아요. 무엇이었나요?

네, 맞아요. [벗]이었어요.
[웃] 소리가 나도록 길게 소리 내어 보세요.

❻ 받침 ㅅ의 모양을 생각하면서 써 보세요.

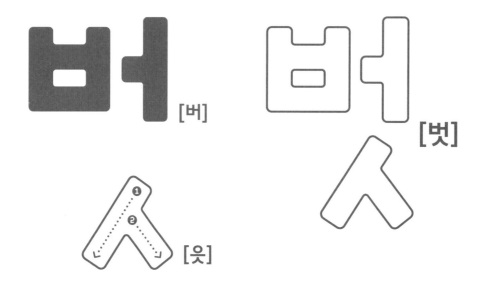

❼ 손가락으로 그림을 짚으면서 이름을 말하고, 받침에서 어떤 소리가 나는지 생각해 보세요.

옷   옷걸이   옷핀

받침이 있는 첫 글자의 소리가 같아요. 무엇이었나요?

네, 맞아요. [옫]이었어요.
[옫] 소리가 나도록 길게 소리 내어 보세요.

❽ 받침 ㅅ의 모양을 생각하면서 써 보세요.

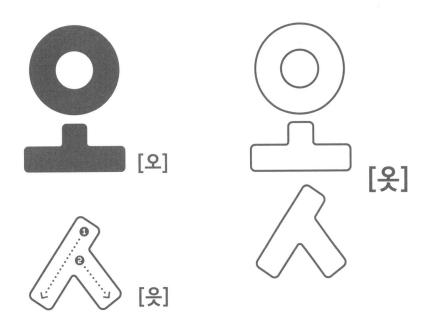

[오]

[옫]

[옫]

❶ 받침의 소리를 잘 생각하면서 이름을 써 보세요.

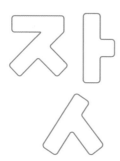

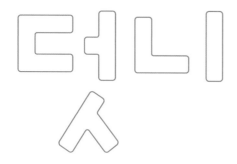

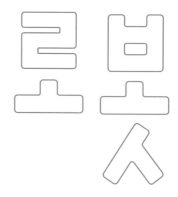

옛

엿보다

빗

비자루

❷ 받침에서 ㅅ[읏] 소리가 나는 것을 찾아 ○를 하고, 이름을 써 보세요.

사갓

옷기

돗자리

놋그릇

파르파르
ㅅ ㅅ

노르노르
ㅅ ㅅ

❸ 받침에서 ㅅ[읏] 소리가 나는 것을 더 찾아보세요.

젓, 탓, 거짓, 닷새, 찻잔 등도
받침에서 ㅅ[읏] 소리가 나요.

91

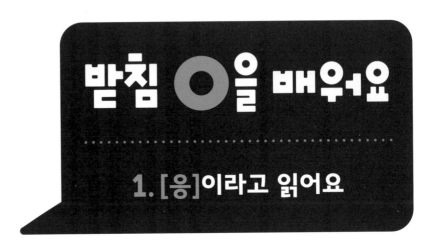

받침 ㅇ을 배우어요

1. [응]이라고 읽어요

❶ [응]이라고 소리 내어 보세요.

받침을 배울 때에는 'ㅇ'을 [응]이라고 소리 내세요.
'이응'이라고 하면 안 됩니다. 원래 자음자 'ㅇ'의 명칭 중 '이'는 첫소리를,
'응'은 받침소리를 나타냅니다. 'ㅇ'은 받침에서만 소리가 납니다.

(조선 시대에는 이 소리가 있었지만, 현대 국어에는 없어요.)

❷ 받침 ㅇ을 [응]이라고 읽으며 써 보세요.

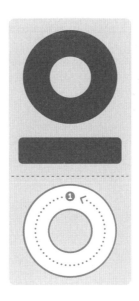

'으'에 받침 'ㅇ'을 붙이면
[으] + [응] → [으응] → [응]이라고 읽어요.

❸ 가와 받침 ㅇ을 붙여서 소리 내어 보세요.

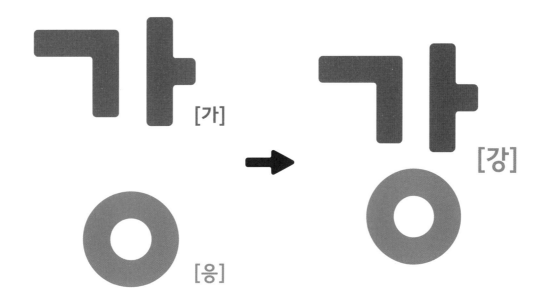

❶ 그림의 이름을 소리 내어 말하고, 두 이름에서 무엇이 다른지 생각해 보세요.

초   총

첫소리는 같은데 끝소리가 달라요. 끝소리는 무엇이었나요?

네, 맞아요. [응]이었어요.

❷ 받침 ㅇ의 모양을 생각하면서 읽어 보세요.

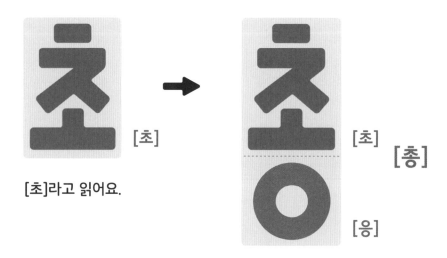

[초]라고 읽어요.

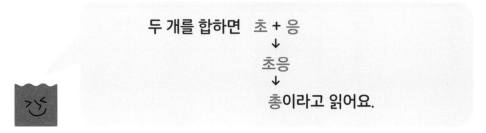

두 개를 합하면 초 + 응
↓
초응
↓
총이라고 읽어요.

❸ 그림의 이름을 소리 내어 말하고, 두 이름에서 무엇이 다른지 생각해 보세요.

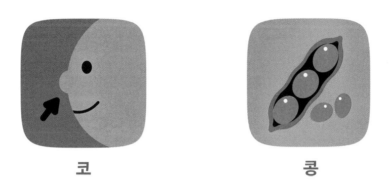

코　　　　　　　　　콩

첫소리는 같은데 끝소리가 달라요. 끝소리는 무엇이었나요?

네, 맞아요. [응]이었어요.

❹ 받침 ㅇ의 모양을 생각하면서 읽어 보세요.

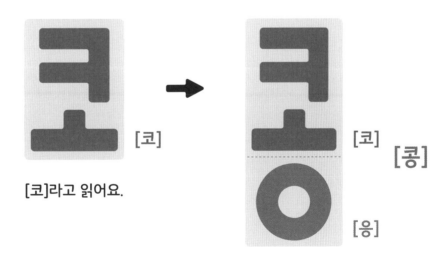

[코]

[코]라고 읽어요.

[코]

[콩]

[응]

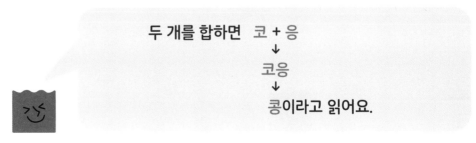

두 개를 합하면　코 + 응
↓
코응
↓
콩이라고 읽어요.

❺ 그림의 이름을 소리 내어 말하고, 두 이름에서 무엇이 다른지 생각해 보세요.

벼   병

첫소리는 같은데 끝소리가 달라요. 끝소리는 무엇이었나요?

네, 맞아요. [응]이었어요.

❻ 받침 ㅇ의 모양을 생각하면서 읽어 보세요.

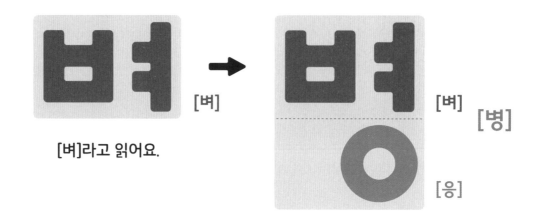

[벼]라고 읽어요.

두 개를 합하면 벼 + 응
↓
벼응
↓
병이라고 읽어요.

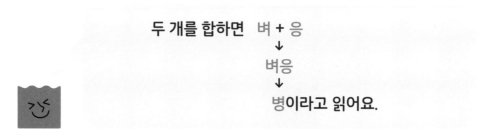

❼ 그림의 이름을 소리 내어 말하고, 두 이름에서 무엇이 다른지 생각해 보세요.

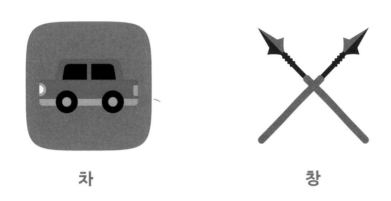

차　　　　　　　창

첫소리는 같은데 끝소리가 달라요. 끝소리는 무엇이었나요?

네, 맞아요. [응]이었어요.

❽ 받침 ○의 모양을 생각하면서 읽어 보세요.

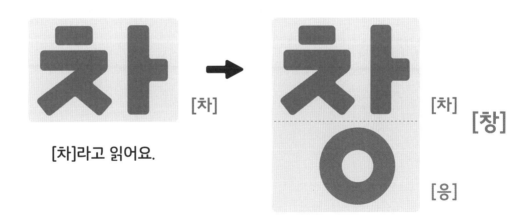

[차] → [차]　　　[창]

[응]

[차]라고 읽어요.

두 개를 합하면　차 + 응
↓
차응
↓
창이라고 읽어요.

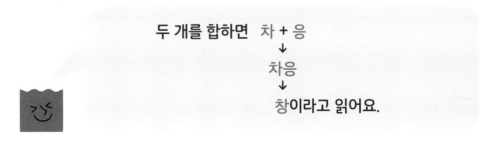

3. 받침을 넣어서 써요

❶ 손가락으로 그림을 짚으면서 이름을 말하고, 받침에서 어떤 소리가 나는지 생각해 보세요.

공　　　　　공기　　　　　공룡

받침이 있는 첫 글자의 소리가 같아요. 무엇이었나요?

네, 맞아요. [공]이었어요.
[응] 소리가 나도록 길게 소리 내어 보세요.

---

❷ 받침 ○의 모양을 생각하면서 써 보세요.

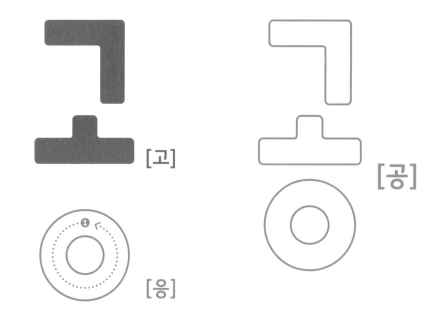

[고]

[응]

[공]

98

❸ 손가락으로 그림을 짚으면서 이름을 말하고, 받침에서 어떤 소리가 나는지 생각해 보세요.

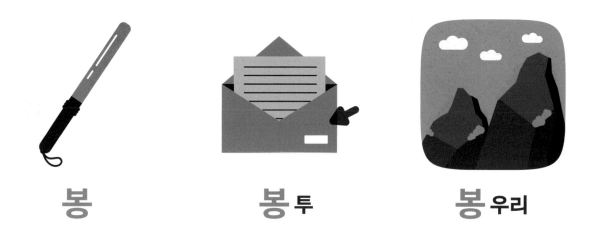

봉   봉투   봉우리

받침이 있는 첫 글자의 소리가 같아요. 무엇이었나요?

네, 맞아요. [봉]이었어요.
[응] 소리가 나도록 길게 소리 내어 보세요.

❹ 받침 ○의 모양을 생각하면서 써 보세요.

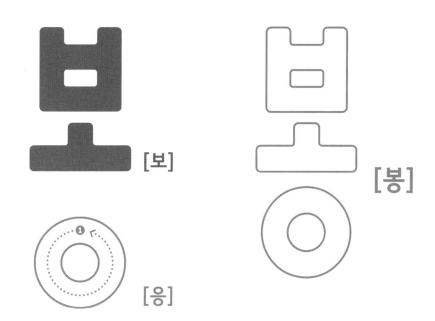

[보]

[봉]

[응]

5 손가락으로 그림을 짚으면서 이름을 말하고, 받침에서 어떤 소리가 나는지 생각해 보세요.

상   상어   상아

받침이 있는 첫 글자의 소리가 같아요. 무엇이었나요?

네, 맞아요. [상]이었어요.
[응] 소리가 나도록 길게 소리 내어 보세요.

6 받침 ○의 모양을 생각하면서 써 보세요.

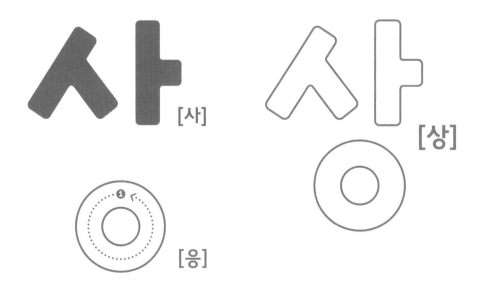

❼ 손가락으로 그림을 짚으면서 이름을 말하고, 받침에서 어떤 소리가 나는지 생각해 보세요.

장　　　　　장구　　　　　장바구니

받침이 있는 첫 글자의 소리가 같아요. 무엇이었나요?

네, 맞아요. [장]이었어요.
[응] 소리가 나도록 길게 소리 내어 보세요.

❽ 받침 ○의 모양을 생각하면서 써 보세요.

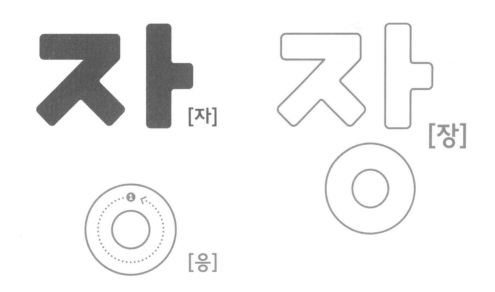

자 [자]　　　장 [장]

[응]

❶ 받침의 소리를 잘 생각하면서 이름을 써 보세요.

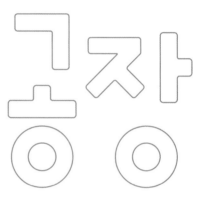

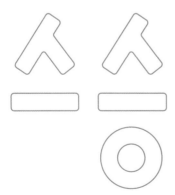

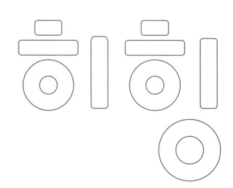

가방
ㅇ

소방차
ㅇ

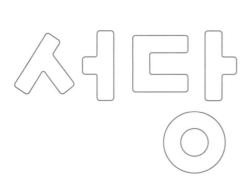

서당
ㅇ

마당
ㅇ

❷ 받침에서 ○[응] 소리가 나는 것을 찾아 ○를 하고, 이름을 써 보세요.

디동디동

○ ○ ○ ○

퐁당퐁당

○ ○ ○ ○

③ 받침에서 ○[응] 소리가 나는 것을 더 찾아보세요.

종, 형, 공주, 마당, 야옹 등도
받침에서 ○[응] 소리가 나요.

 메모

아하 한글 배우기 ❸ 받침 글자를 배워요

초판 1쇄 발행 2020년 12월 10일
초판 6쇄 발행 2021년 3월 10일

지은이 최영환 진지혜
그림   황나경 장현영
펴낸이 강일우
편집   이혜선 김진영
디자인 햇빛스튜디오

펴낸곳 (주)창비교육
등록   2014년 6월 20일
        제2014-000183호
제조국 대한민국
주소   04004 서울특별시
        마포구 월드컵로12길 7
전화   1833-7247
팩스   영업 070-4838-4938
        편집 02-6949-0953

🌐 www.changbiedu.com
✉ textbook@changbi.com

© 최영환 진지혜 2020
ISBN 979-11-6570-026-3
74710
ISBN 979-11-6570-023-2
(세트)